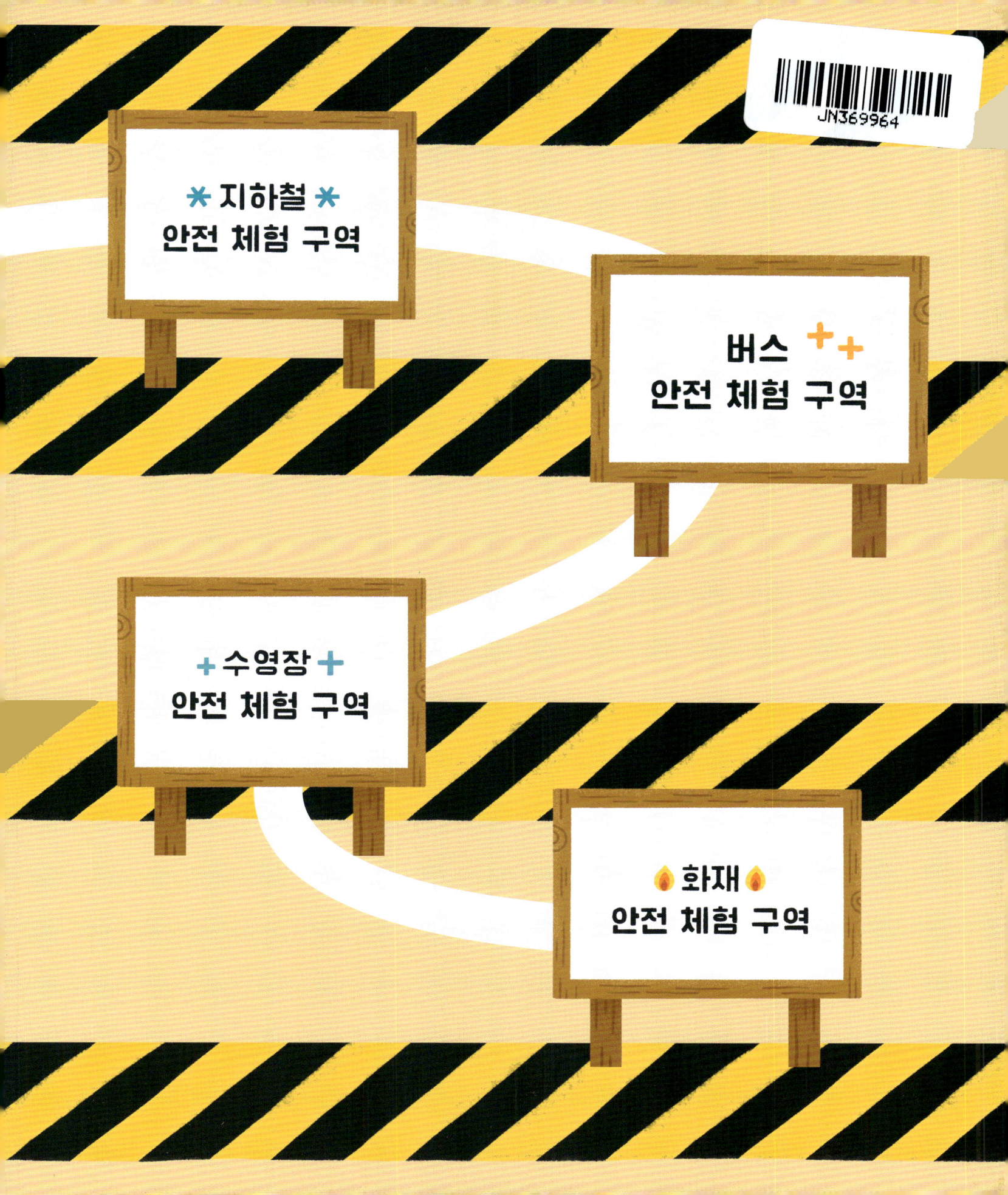

글 신연미

대학교와 대학원에서 유아교육을 공부했습니다.
어린이책 출판사에서 어린이책을 만들었으며 지금은 프리랜서 기획자 및 작가로 일하고 있습니다.
쓴 책으로는 《아빠랑 있으면》, 《마법천자문 그림책》, 《겨울을 그리자》, 《누구의 발자국일까》 등이 있으며,
옮긴 책으로는 《넌 다리가 몇 개야?》, 《내가 이겼어!》, 《열 꼬마 해적》 등이 있습니다.

그림 박옥기

아이들을 가르치다 그림으로 더 재미있는 이야기를 들려주고 싶어 그림을 그리기 시작했습니다.
현재 일러스트 그룹 '그림자'에서 활동하며, 다양한 분야의 어린이책에 그림을 그리고 있습니다.
그린 책으로 《반짝반짝 전기 마을의 전기 실종 사건》, 《왜 써, 뭘 써, 어떻게 써?》, 《내 동생이야》,
《도깨비는 떡을 좋아해》 등이 있습니다.

감수 (사)한국생활안전연합

'어린이가 안전하면 모두가 안전하다.'라는 생각으로 안전한 세상을 만들기 위해 노력하는
비영리 공익 법인입니다.
어린이를 위한 안전 교육 프로그램 개발 및 출판, 찾아가는 안전 교육,
안전과 관련된 정책 및 입법 활동 등을 하고 있습니다.

안전짱의 안전이 최고야!

글 신연미 | **그림** 박옥기
펴낸이 김희수 **펴낸곳** 도서출판 별똥별 **주소** 경기도 화성시 병점1로 218 씨네샤르망 B동 3층
고객 센터 080-201-7887(수신자부담) 031-221-7887
홈페이지 www.beulddong.com **출판등록** 2009년 2월 4일 제465-2009-00005호
편집·디자인 꼬까신 **마케팅** 백나리, 김정희

ISBN 978-89-6383-582-2

ⓒ 도서출판 별똥별
이 책은 저작권법에 따라 보호를 받는 저작물이므로 무단 전재와 무단 복제를 금합니다.
이 책 내용의 전부 또는 일부를 이용하려면 저작권자의 서면 동의를 받아야 합니다.
잘못된 책은 구입한 곳에서 바꾸어 드립니다.

안전짱의
안전이 최고야!

별똥별

여기는 안전 체험 월드예요.
체험을 시작하기 전에
안내문을 꼼꼼히 읽어 볼까요?

안녕?
나는 안이야!

안녕?
나는 전이야!

안녕?
나는 짱이야!

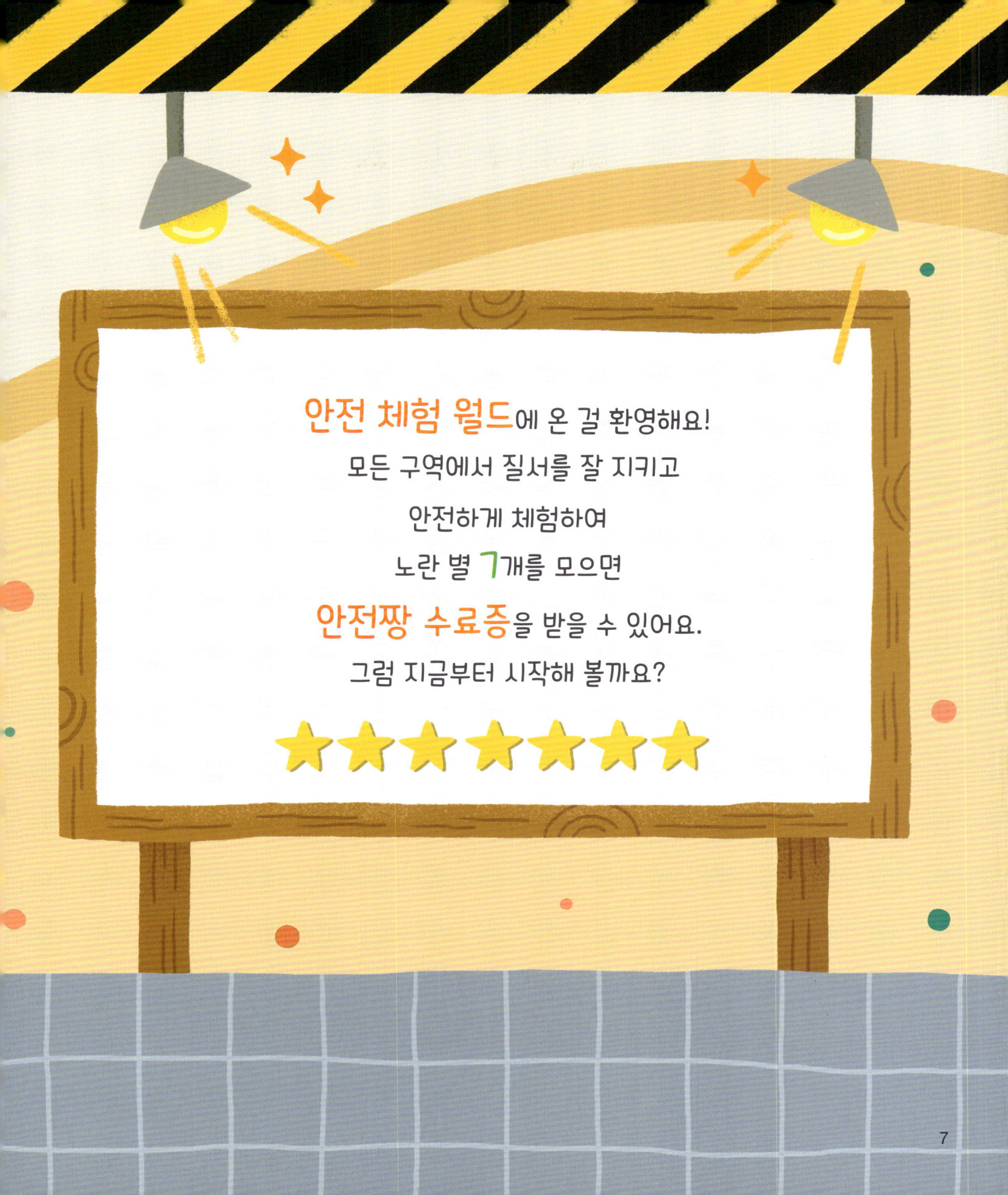

안전 체험 월드에 온 걸 환영해요!
모든 구역에서 질서를 잘 지키고
안전하게 체험하여
노란 별 7개를 모으면
안전짱 수료증을 받을 수 있어요.
그럼 지금부터 시작해 볼까요?

앗! 엘리베이터가 멈춰서 갇혔어요.
당황하지 말고 침착하게 도움을 청해야 해요.

놀이 기구 안전 체험 구역

놀이 기구를 탈 때도 안전을 위해 지켜야 할 약속이 있어요. 어떤 약속일까요?

놀이 기구를 탈 때는 안전띠를 하고 손잡이를 꼭 잡아야 해.

길모퉁이에서는
멈춰 서서 차가 오는지
확인한 다음
차가 멈추면 건너야 해.

초록 불이 깜빡이면
건너지 말고
기다려야 해.

차가 오가는 길에서는 더욱 조심해야 해요.
길을 건널 때도, 길모퉁이를 갈 때도
이쪽저쪽 꼼꼼히 살피세요.

버스를 타고 내릴 때도, 버스 안에서도
항상 조심해야 해요.
안전띠를 매고, 창밖으로 손이나 몸을
내밀지 않아야 해요.

내릴 때는 주위를 잘 살피며 내려야 해.

버스 안전 체험 구역

어른 없이 버스에 갇혔어요.
문도 열리지 않고, 주변에 아무도 없어요.
어떻게 해야 할까요?

어른이 올 때까지 가만히 기다리는 건 어떨까?

수영장 안전 체험 구역

수영장은 신나는 곳이지만, 무척 조심해야 하는 곳이에요.
바닥도 미끄럽고, 깊은 물도 있어서
자칫 큰 사고가 날 수 있거든요.

갑자기 물에 들어가면
몸에 무리가 갈 수 있으니
수영하기 전에
준비 운동 하는 거
잊지 마!

드디어 모든 체험을 마쳤어요.
짝짝짝! 모두 모두 잘 했어요!

안전짱 수료증

이름 : _____

안전 체험 월드의

모든 구역을 안전하고 질서 있게

체험했으므로

이 수료증을 수여합니다.

안전 체험 월드